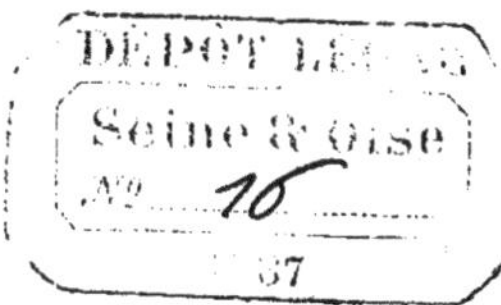

ORAISON FUNÈBRE

DE

MADAME LA BARONNE

JAMES DE ROTHSCHILD

DOUAIRIÈRE

PRONONCÉE AU TEMPLE ISRAÉLITE

DE

LA RUE DE LA VICTOIRE

le 9 Septembre 1886 [9 Eloul 5646]

PAR

M. ZADOC KAHN
Grand-Rabbin de Paris

ORAISON FUNÈBRE

DE

MADAME LA BARONNE

JAMES DE ROTHSCHILD

DOUAIRIÈRE

PRONONCÉE AU TEMPLE ISRAÉLITE

DE

LA RUE DE LA VICTOIRE

le 9 Septembre 1886 (9 Eloul 5646)

PAR

M. ZADOC KAHN

Grand-Rabbin de Paris

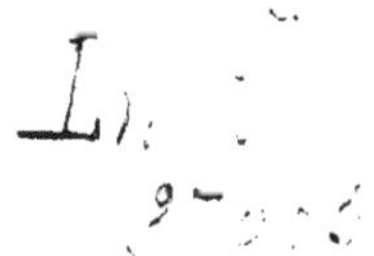

תנו לה מפרי ידיה ויהללוה בשערים מעשיה

Rendez-lui hommage pour l'œuvre
qu'elle a accomplie, que ses actes
la louent en public!
(*Proverbes*, XXXI, 31.)

Mes frères,

Dans les premiers moments d'accablement et de douleur qui suivent la perte d'un être aimé, lorsque la mort, visitant notre maison, a emporté comme une partie de notre cœur, nous éprouvons une certaine consolation à nous entretenir du malheur que la Providence nous a envoyé, à rappeler les qualités, les vertus qui distinguaient nos parents, nos amis disparus. Faire leur éloge ou l'entendre de la bouche de ceux qui les ont connus est pour nous un véritable soulagement. Nous savons gré à qui nous parle d'eux et se montre touché de leurs mérites. Il nous semble qu'en réveillant sans cesse leur souvenir chéri, il nous soit donné encore de jouir de leur présence, et que nous ne les ayons pas complètement perdus. C'est une illusion, sans doute, mais une illusion bienfaisante et qui jette un peu de baume sur la plus cruelle des blessures.

C'est pourquoi la religion juive, si compatissante pour les souffrances des hommes et si soucieuse de les fortifier dans l'épreuve, nous fait un devoir de prononcer l'éloge des morts. Dieu, disent nos sages, compte les larmes qui arrosent une tombe fraîchement ouverte ; il recueille les paroles émues et véridiques qui donnent une expression à la douleur de tous, et il en tresse des couronnes de gloire pour les âmes qui laissent derrière elles de profonds et sincères regrets. Le judaïsme professe qu'une existence noblement consacrée au bien, embellie par la piété, la droiture, le dévouement, la charité, ne peut prendre fin sans recevoir les hommages qui lui sont dus, et qu'elle forme un spectacle assez édifiant et instructif pour mériter d'être exposée à tous les regards. Il pense aussi que rien n'est plus propre à relever les cœurs accablés par une douloureuse séparation que de montrer au grand jour combien l'objet de leur amour était digne de leur amour. C'est en ce sens que les organes de la sagesse juive ont pu dire : « Une oraison funèbre est également un honneur pour les morts et pour les vivants », הספדא יקרא דחיי ויקרא דשכיבי.

Aussi, mes frères, avons-nous accueilli avec empressement et reconnaissance l'annonce de cette pieuse cérémonie, que nous célébrons en mémoire de la très regrettée Baronne James de Rothschild. Par une bien touchante réserve et une sainte délicatesse de sentiment, elle n'a voulu pour ses obsèques que les prières de la religion. Son vœu suprême a été respecté comme il devait l'être. Mais c'était pour nous un besoin impérieux de rendre à cette noble et grande femme l'hommage dont elle est si digne et, en la pleurant, de la proposer à toutes les femmes juives comme un modèle d'élévation religieuse et morale. C'était aussi un besoin pour nous d'adresser publiquement l'expression de notre vive et respectueuse sympathie à ceux qui l'ont tant aimée et qui ont la douleur de ne plus pouvoir l'entourer de leur affection. Me sera-t-il permis d'ajouter que c'eût été pour moi un immense regret de garder le silence devant cette mort qui a fait verser tant de larmes et que je déplore, comme chacun de vous, à l'égal d'un deuil de famille ? C'est la seule note personnelle que je mèlerai à cette cérémonie, qui est et doit être uniquement une manifestation de notre communauté, de notre culte, et où la religion seule doit porter la parole pour louer dignement une femme que la religion a animée de son esprit, que la religion peut citer avec fierté comme la meilleure preuve de la haute direction qu'elle imprime à l'âme humaine, au sentiment, au caractère, à l'existence tout entière.

Mes frères,

Pour peindre d'un trait la personne de Madame de Rothschild, il suffirait de dire simplement qu'elle possédait à un degré éminent toutes les grandes qualités que notre culte aime à voir réunies dans la femme. C'est assurément un des principaux mérites du judaïsme d'avoir créé la femme juive, ce type charmant de force et de grâce, de sentiment exquis et de raison, de douceur et de fermeté, de piété et de bonté. A toutes les époques de notre histoire, nous voyons la femme juive fidèle à elle-même, comprenant les exigences variées de la vie, capable de toutes les vertus et de tous les dévouements, se plaisant dans son intérieur comme dans son domaine naturel, mais sans en faire jamais une prison, appartenant de cœur et d'âme à sa famille, sans pour cela devenir étrangère aux grands intérêts de la patrie et de la société. Aussi est-elle respectée et honorée, et elle exerce sur tous ceux qui l'entourent un ascendant souverain et incontesté. Epouse, elle est l'égale, mieux encore, la compagne de son époux, associée à ses préoccupations, partageant ses travaux, l'éclairant de ses conseils et le fortifiant par ses encouragements. Mère, elle guide les premiers pas de ses enfants, elle forme leurs jeunes âmes, les instruit avec soin dans la loi de Dieu, et, pour prix de son amour et de ses peines, conserve pendant toute la vie leur tendresse et leur reconnaissance. Elle a sa place au conseil de la famille, ses avis sont écoutés avec une respectueuse déférence, et rien d'important ne se décide sans son aveu. Elle est comme la reine de son foyer par l'effet d'une autorité fondée sur la sagesse et la vertu, et d'autant plus puissante qu'elle se fait moins sentir. Mais là ne se borne pas son rôle bienfaisant. Elle éprouve toutes les généreuses passions qui font battre le cœur de son mari et de ses fils. Comme eux, elle a entendu la voix descendue du Sinaï et a promis sa fidélité à la Loi que Dieu a proclamée; comme eux, elle prend part à toutes les manifestations de la vie religieuse, et son cœur s'ouvre aux émotions pénétrantes du culte. Lorsque le sanctuaire se construit dans le désert, enrichi par les dons que prodigue un pieux enthousiasme, c'est elle qui remporte la palme par son empressement et sa libéralité. Les grands mouvements de la vie nationale font résonner en elle les fibres les plus intimes: elle s'associe aux triomphes, aux joies du peuple qui est le sien, en les célébrant ouvertement sans crainte de se donner en spectacle; elle souffre des revers et des tristesses nationales, mais soutient, par sa fermeté, les courages qui faiblissent. Dans les moments les plus difficiles, elle a des paroles de foi qui empêchent de désespérer de l'avenir; elle montre la route du salut, et parfois même elle en est l'instrument le plus efficace. Ainsi, dans la maison comme dans le temple, dans la vie de la famille comme dans celle de la nation, elle remplit, avec intelligence, avec cœur, avec vaillance et succès, le rôle de guide, de conseillère, de providence.

On comprend, mes frères, que nos poètes et nos écrivains s'accordent pour rendre justice aux mérites de la femme juive. Ce que l'histoire nous raconte de son action bienfaisante ne pouvait manquer de trouver un écho dans nos livres de poésie et de sagesse populaire. La femme, telle que la connaît la littérature du judaïsme, est l'appui de son époux, עזר כנגדו; elle est la couronne de celui dont elle porte le nom et partage la destinée, אשת חיל עטרת בעלה; Dieu ne saurait faire à l'homme un don plus précieux, car avec elle la bénédiction pénètre dans la famille, ומה' אשה משכלת. Sa sagesse établit la maison sur des fondements sûrs et inébranlables, חכמות נשים בנתה ביתה. Aussi, son époux met-il toute sa confiance en elle, בטח בה לב בעלה, car il sait que son bonheur et son honneur sont entre de bonnes mains, גמלתהו טוב ולא רע כל ימי חייה. Plus encore que lui, elle veille à l'éducation de ses enfants, elle sème dans leur âme tous les grands et bons sentiments, et le Sage ne perd pas une occasion de leur prêcher une soumission tendre et constante à une autorité aussi douce et aussi sacrée, אל תטוש תורת אמך. Si dévouée qu'elle soit au bien-être de sa famille, elle sait que le monde ne s'arrête pas aux limites de son foyer, elle pense à tous ceux qui sont dans la peine, son cœur s'émeut de pitié et sa main s'ouvre comme d'elle-même, כפה פרשה לעני. Si elle a le cœur bon et compatissant, elle a aussi l'esprit élevé, et de ses lèvres coule un enseignement plein de sagesse, de grâce et de douceur, פיה פתחה בחכמה ותורת חסד על לשונה. Elle suit ainsi sa voie, remplissant dans toute son étendue la mission que Dieu a confiée à la femme, répandant joie, contentement, paix et bonheur autour d'elle. C'est que ses vertus tirent leur origine d'un sentiment supérieur, qui est la source féconde de ce qui est grand et beau : le sentiment religieux, la foi en Dieu, אשה יראת ה' היא תתהלל. C'est pourquoi son époux est fier de la voir à ses côtés, ses enfants, à l'envi, proclament ses louanges, קמו בניה ויאשרוה בעלה ויהללה, et, le parfum de sa légitime renommée se répandant bien au-delà de son foyer, tous reconnaissent et admirent la beauté de son âme, la noblesse de son cœur et la distinction de son caractère : תנו לה מפרי ידיה ויהללוה בשערים מעשיה. Voilà, mes frères, la véritable femme juive, et voilà ce qu'était par excellence Madame de Rothschild !

Sa naissance, le milieu où elle fut élevée, les traditions de sa famille, la nature de son éducation, enfin une âme foncièrement religieuse, tout se réunissait pour faire d'elle, comme on l'a si justement dit, la plus grande femme juive des temps modernes. Elle était pieuse, d'une piété profonde et douce, convaincue et tolérante. Elle possédait cette foi en Dieu qui a marqué d'un caractère si particulier notre longue histoire, elle croyait de toutes ses forces à ces hautes vérités dont l'humanité a vécu depuis qu'elle existe et dont elle vivra toujours. Pendant le cours de sa carrière, riche d'années, Madame de Rothschild a vu naître bien des doctrines nouvelles ou prétendues telles, entendu contester bien des principes considérés jadis comme audessus de toute discussion : elle assistait avec intérêt au grand mouvement d'idées de notre époque et au choc des systèmes opposés ; mais rien n'a pu éteindre ni même refroidir en son âme la flamme sacrée de la foi. Connaissant admirablement le judaïsme et la place élevée qu'il occupe dans l'histoire de la civilisation, touchée de la hauteur de son dogme et de la pureté de son enseignement moral, aimant la vive poésie qui se dégage de ses cérémonies et de ses antiques usages, elle montrait pour notre culte un attachement vraiment filial. Nos grands jours de fête étaient accueillis dans sa maison comme des hôtes toujours bienvenus. Ne lui offraient-ils pas, d'ailleurs, une heureuse occasion de réunir autour d'elle tous ceux qu'elle portait dans son cœur ? Avec quelle attention sympathique et éclairée à la fois elle suivait tous les incidents de la vie religieuse au sein de notre culte, applaudissant aux symptômes de progrès, attristée de toute marque de faiblesse, d'indifférence ou de mauvais vouloir ! Elle ne se lassait pas de porter l'entretien sur ces graves sujets ; elle accordait son adhésion sans réserve et son appui chaleureux à tout ce qui pouvait contribuer à fortifier le judaïsme et à lui ouvrir l'accès des cœurs. Les travaux de notre littérature, qui jettent tant de lumière sur notre passé et sont seuls capables de dissiper des préjugés aussi odieux qu'invétérés, pouvaient compter sur toute sa protection. Des monuments considérables de la science et de la pensée juives n'auraient jamais vu le jour sans ce puissant et intelligent patronage. Et comme elle était fière, elle qui était en tout si modeste et si simple, de voir ses enfants et ses petits-enfants, pénétrés de son esprit, comme animés de son souffle, se consacrer aux intérêts supérieurs du judaïsme et diriger les œuvres les plus importantes de notre communauté et de notre culte avec une activité et un dévouement qu'on ne louera jamais assez ! Je ne crains pas de dire que c'était là une de ses grandes joies, une satisfaction bien douce à son cœur.

Faut-il, mes frères, chercher ailleurs que dans ces sentiments d'inaltérable piété et d'amour pour la religion, le secret de sa vie si belle, d'une unité si parfaite, et si complètement soumise à toutes les lois du devoir ? Comme épouse, comme mère, elle a réalisé ce noble idéal de la « femme forte », אשת חיל, dont j'ai esquissé quelques traits. Il y a dix-huit ans, nous avons eu la douleur de perdre James de Rothschild. L'émotion était grande, la douleur universelle. De toutes parts, on proclama les mérites de l'homme éminent qui a laissé une si profonde empreinte dans l'histoire de ce siècle. Mais personne de ceux qui le louèrent n'oublia de rendre hommage en même temps à la vaillante compagne que la Providence avait placée à ses côtés comme un ange gardien, comme un bon génie, comme une inspiratrice de bien, toujours présente au poste du devoir et de l'honneur et, au besoin même, à celui du danger, ferme et courageuse, bonne et dévouée, incapable d'aucune défaillance, redressant les âmes et affermissant les courages. Et ce même éloge, si beau et si mérité, n'a-t-il pas été, ces jours derniers, la note dominante dans les lignes émues que tous les organes de la publicité ont consacrées, avec une convenance parfaite et une rare unanimité, à la femme qui venait de fermer les yeux ?

La mère était tout à fait digne de l'épouse. Ici une grande réserve m'est commandée ; car il faut craindre d'irriter une blessure trop récente. Je serai discret, et je dirai seulement que, de tous les bonheurs humains, le plus grand c'est d'avoir une mère supérieure. Tout ce qu'il y a de meilleur en nous vient d'elle. Elle donne la vie, et elle communique son âme, son esprit, son cœur. Le souvenir des années passées auprès d'une mère éclairée, affectueuse, vertueuse, est une force pour toute la vie ; il nous accompagne comme un rayon de soleil à travers les difficultés de l'existence et entretient une douce chaleur dans tout notre être. Quoi d'étonnant, mes frères, si Madame de Rothschild a été la couronne de sa famille, le centre et le lien des jeunes générations qui ont grandi sous la protection de son amour ; si ses enfants se sont, jusqu'au dernier jour, groupés autour d'elle, la consultant sur toutes choses, recourant sans cesse à son expérience rendue clairvoyante par la tendresse, écoutant avidement les paroles de sagesse qui tombaient de ses lèvres, lui vouant un culte de respect et d'adoration ; s'ils éprouvent aujourd'hui comme une impression de vide en ne la voyant plus, en ne l'entendant plus ? Ah ! certes, elle pouvait dire qu'elle était, comme elle méritait de l'être, une mère heureuse par ses enfants, אם הבנים שמחה.

Tout en se donnant ainsi à sa famille, Madame de Rothschild avait le cœur assez large et l'esprit assez cultivé pour apprécier le charme des relations sociales et les aimables distractions du monde. La maison dont elle était l'âme était renommée comme une des plus hospitalières et une des plus recherchées, car on était sûr d'y être accueilli par une femme d'une haute distinction, capable de tout comprendre, ayant, avec une vaste lecture, une intelligence ouverte à toutes les grandes idées, l'amour des belles choses, un goût parfait, un tact infini, enfin, une noblesse, une élévation constante de sentiments et de pensées qui donnait à sa personne un vrai cachet de dignité et un incomparable prestige.

En digne enfant du judaïsme, elle aimait la vie avec ce qui fait son intérêt, son prix et sa beauté : les travaux de la science, les œuvres gracieuses ou sublimes de l'art, le mouvement si varié et parfois si dramatique de la société moderne; elle se plaisait dans la compagnie des esprits cultivés et ne prisait rien tant que les joies de l'intelligence et le bonheur de savoir et d'admirer. Pareille à la pieuse

Sunamite qui, reconnaissant dans le prophète Elysée « un homme de Dieu », איש אלהים, lui ménageait la plus cordiale hospitalité, Madame de Rothschild faisait volontiers fête aux maitres de la science, aux nobles serviteurs de l'art, aux écrivains en renom, aux hommes d'état. Elle aussi saluait en eux des hommes de Dieu, la fleur et la gloire de leur pays. Chose remarquable ! elle s'élevait sans peine à leur hauteur et paraissait faire partie de la même élite. Chez elle rien de frivole, rien de superficiel ni de léger, nul goût pour les dissipations mondaines et les plaisirs bruyants qui agitent la vie sans la remplir. Aussi a-t-elle été honorée d'amitiés nombreuses et illustres, qui lui sont restées fidèles jusqu'à son dernier souffle. Il était impossible d'être admis dans son intimité sans admirer son caractère, de la connaître sans éprouver pour elle une affection mêlée de respect.

Sa conversation était un vrai charme. Quelle élévation dans ses vues ! Et comme on se sentait immédiatement en présence d'une âme noble et surtout d'un cœur d'or ! En la quittant, on était devenu meilleur : chacun, dans sa direction, était encouragé et voyait s'ouvrir devant lui de nouveaux et plus larges horizons. Obtenir l'approbation de son esprit si fin, de son jugement si droit, de sa raison si sûre, était une douce récompense et un puissant stimulant. Et quelle admirable correspondance que la sienne ! Ses lettres étaient de véritables chefs-d'œuvre de raison souriante et d'éloquence pleine de sentiment. Elle mettait, on ne pouvait s'y tromper, toute son âme dans ces billets écrits à l'occasion d'une fête de famille ou d'un évènement attristant. Elle donnait plus de prix au bonheur et trouvait les accents qui adoucissent le chagrin. Chacune de ses lettres était pour ceux qui en obtenaient la faveur une messagère de paix, de courage, de consolation, et on les conservait comme un cher et précieux souvenir.

Je n'ai encore rien dit de sa charité. Il semble presque inutile d'en parler et il est impossible de n'en pas parler. Il est inutile d'en parler, car son nom n'est-il pas synonyme de charité ? Est-il un coin du monde où ce nom ne soit vénéré et béni par ceux qui souffrent et qui ont besoin de ce rayon de sympathie et d'amour venant dorer de temps en temps leur existence de luttes et de privations ? Un cœur comme celui de Madame de Rothschild, où tous les sentiments généreux germaient comme dans une terre d'élection, où la religion juive, religion d'amour, de douceur et de charité, avait poussé de si profondes racines, pouvait-il ne pas ressentir une pitié immense pour les misères humaines et prendre à tâche de les diminuer dans la mesure du possible ? Cependant, ne pas rendre hommage à cette passion du bien qui a échauffé toute son existence, serait manquer à un devoir et trahir l'attente des pauvres qu'elle a secourus, de toutes les victimes du sort qui lui ont dû réconfort, espérance et joie, souvent le relèvement et le salut. Disons donc simplement que Madame de Rothschild a été le génie même de la charité, qu'elle a fait de la charité une des principales affaires de sa vie, loin de la considérer comme un fardeau importun dont on a hâte de se débarrasser. La charité, en d'autres termes, était pour elle une religion, dont la pratique journalière s'imposait comme un besoin à son cœur : mais cette religion ne reconnaissait aucune frontière et n'admettait aucune distinction de contrée ou de croyance. Être dans la peine, il ne fallait pas d'autre titre à sa compassion, et en cela aussi elle se montrait une vraie fille d'Israël. On a bien vu à ses touchantes obsèques que le deuil provoqué par sa mort était un deuil universel. Le cœur ne trace aucune démarcation entre les créatures humaines, entre les enfants de Dieu, et c'est par le cœur surtout que notre sœur était grande.

La vraie charité, mes frères, est un art de prévoyance et de sollicitude qui étend son action au-delà des bornes de l'heure présente: elle ne se contente pas de soulager les maux dont le spectacle afflige les regards, elle cherche à les guérir d'avance, à les atteindre dans leur source même. Que d'œuvres de longue portée auxquelles le souvenir de Madame de Rothschild restera attaché et qui répandront ses bienfaits d'âge en âge! Je ne veux en citer que deux, qui lui étaient particulièrement chères: l'Orphelinat, qui est un témoignage de sa bonté, mais en même temps de sa piété filiale, car le nom de ses parents brille sur la façade de cet admirable asile qu'elle a fondé; la maison des malades incurables, qui, sans elle, se voyaient condamnés à une existence misérable et qui, grâce à elle, ignoreront les angoisses de l'abandon et les luttes où d'avance ils étaient vaincus. Nous avons, l'autre jour, quand nous lui rendions les derniers devoirs, vu les larmes qui mouillaient les regards de ces malheureux dont elle a assuré le sort, entendu les sanglots de ces pauvres enfants. N'était-ce pas le plus bel éloge qui pût être prononcé sur sa tombe? Il semblait qu'ils fussent devenus orphelins pour la seconde fois, ayant perdu celle qui était pour eux une mère vigilante et affectueuse, sans cesse préoccupée de leur bien-être et de leur avenir. Ah! chers enfants qu'elle aimait tant, vous avez eu raison de pleurer votre protectrice, vos larmes sont un témoignage glorieux pour elle, et Dieu en tiendra compte. Mais soyez sans crainte: son œuvre lui survit, il vous reste, pour veiller sur vous, les dignes héritiers de ses vertus, et vous, vous prouverez par toute votre conduite combien vous vénérez et honorez sa mémoire.

Mes frères, est-il surprenant que nous ayons été fiers d'une telle femme? Oui, je le répète, le judaïsme l'a comptée avec orgueil au nombre de ses enfants; c'est lui qui l'avait formée, inspirée, dirigée, et nous nous plaisions à la mettre au premier rang parmi ces femmes juives du passé, grandes avec simplicité, marquées au front d'une grâce souveraine, de celle de la piété, de la pureté et de la bonté la plus parfaite. Elle occupait une place unique dans nos respects et notre affection. Nous aurions voulu détourner d'elle toute peine et tout chagrin; nos prières montaient vers le ciel pour la paix et le bonheur de ses jours. Chaque coup qui l'atteignait (et les douleurs hélas! ne lui ont pas manqué) retentissait dans nos âmes, chacune de ses joies était une fête pour nous tous. Et quand l'âge est venu avec son triste cortège de maladies et d'infirmités, sans éteindre toutefois la vivacité de son esprit et la chaleur de son cœur, nous avons assisté de loin avec une secrète et poignante angoisse au dépérissement graduel de ses forces. Nous aurions voulu éloigner le moment fatal où cette belle existence serait tranchée, car nous sentions quel grand vide se produirait à sa mort et que notre communauté serait découronnée en même temps que cette famille qui nous est chère à tant de titres. Mais l'heure suprême a sonné, et nous pleurons avec ceux qui ont plus que nous encore le droit et le devoir de pleurer !

C'est là, mes frères, la grande amertume de la destinée humaine, que rien ici-bas ne puisse durer. Mais il y a dans la vertu, dans la noblesse du caractère, dans la piété, quelque chose qui ne disparaît jamais complètement : elles répandent sur la terre un parfum qui demeure à tout jamais. Il est des liens que la mort elle-même ne saurait briser. Le judaïsme prononcera toujours le nom de Madame de Rothschild avec respect et gratitude comme celui d'une créature d'élite qui aura fait honneur à l'humanité. Quoique disparue, elle continuera à être pour sa famille la lumière sacrée, l'étoile directrice, la bénédiction sans fin. La douleur causée par sa mort, dans ce qu'elle a de violent et de déchirant, s'adoucira avec le temps, car la Providence n'a pas voulu qu'il y eût des deuils éternels ; mais son image noble et chérie resplendira d'un éclat de plus en plus serein, ses traits aimés, qui inspiraient un sentiment si profond, ne s'effaceront jamais des cœurs. Ses arrière-neveux la nommeront encore avec un juste orgueil et se nourriront de ses exemples. Et nous, tant que nous vivrons, nous l'associerons dans notre vénération à l'époux qu'elle a fidèlement aimé et à tous les membres de sa famille qui ont, comme elle, fait bénir leur nom et perpétué leur souvenir au milieu des hommes.

Ah! sainte femme qui êtes l'objet de nos pleurs et de nos regrets, nous venons de remplir un pieux devoir. Vous savez que nous n'avons rien dit qui ne fût l'expression de notre conscience et la voix même de la vérité. Tant que vous viviez, vous n'avez pas permis à la reconnaissance publique de se manifester librement à votre égard comme elle l'aurait voulu. Lorsque nous avons été comblés de vos bienfaits, lorsque nous admirions vos actes et subissions le charme de votre conduite si élevée et si magnanime, vous faisiez taire nos éloges; vous nous imposiez la loi d'assister en témoins muets aux merveilleuses créations de votre charité. Mais nous n'avons pas cru manquer à votre mémoire en laissant éclater aujourd'hui notre admiration et notre reconnaissance. C'est un hommage que nous vous devions, c'est une dette que nous avons eu à cœur de payer, guidés moins encore par le besoin de vous louer que par le désir de vous proposer en exemple à toutes les femmes, et surtout aux femmes juives, à qui notre passé impose de si grands devoirs. Nous avions à cœur aussi de faire quelque chose pour la consolation de vos enfants, et de votre famille, en exprimant, au nom du judaïsme, les sentiments de sympathie, d'affection, de respect, qui s'attachaient à votre personne. et qui se traduiront tout à l'heure par nos ferventes prières adressées à Dieu pour votre félicité éternelle, digne prix de vos œuvres, de votre grandeur morale, de vos vertus, de votre vie entière, qui nous apparaît comme un beau monument de dignité, de noblesse, de piété, de dévouement, d'amour pour Dieu et d'amour pour la religion, d'amour pour la famille et d'amour pour l'humanité !

PRIÈRE

Seigneur, Dieu de bonté et de miséricorde, arbitre souverain de nos destinées, maître suprême de la vie et de la mort de tes humbles créatures, il y a quelques jours nous conduisions au champ du repos notre vénérée sœur la Baronne James de Rothschild, au milieu des témoignages de douleur d'une nombreuse population. Des larmes étaient dans tous les yeux, et l'éloge de la noble femme que nous pleurions était sur toutes les lèvres. Au nom des êtres aimés qu'elle a laissés derrière elle, au nom de la religion qu'elle a honorée et servie, en souvenir du bien qu'elle a fait, nous t'avons imploré en sa faveur et appelé sur son âme tes grâces célestes.

Nous venons aujourd'hui, à l'issue de la semaine de deuil, t'adresser la même prière. Tu nous entendras, ô Seigneur ! tu exauceras les vœux de notre cœur. Jamais âme plus droite, plus pure, n'est remontée au ciel, ornée de plus de vertus et précédée de plus de bonnes œuvres. Elle a rempli fidèlement tous ses devoirs, elle a obéi à tous les instincts supérieurs que tu as mis en nous. Son esprit était tourné vers les choses élevées, son cœur n'a connu que les passions les plus généreuses, l'amour du foyer domestique, de la patrie, de la religion, de l'humanité. Elle est entrée dans l'autre monde, digne de goûter les joies de la vie éternelle. Et toi, ô Seigneur, nous en avons la certitude, tu l'as accueillie comme une fidèle servante et comme une enfant bien aimée. N'as-tu pas promis d'ouvrir le trésor de tes bontés à ceux qui te craignent et pratiquent ta loi : מה רב טובך אשר צפנת ליראיך ?

Elle a quitté ici-bas des affections nombreuses qui faisaient sa joie et son bonheur; mais, dans le monde mystérieux où elle est entrée, elle a retrouvé bien des êtres chéris, qui l'avaient devancée dans la mort et dont tu ne la sépareras jamais. En même temps que nous prions pour elle, nous te prions pour toutes ces âmes qui étaient, sur la terre, attachées à son âme. Nous invoquons ta miséricorde infinie en faveur de James Mayer de Rothschild, le compagnon de sa jeunesse, l'inoubliable homme de bien dont elle a été la digne et fidèle épouse ; en faveur de ses pieux parents Salomon Mayer de Rothschild et Caroline de Rothschild, dont elle a si bien continué les traditions et l'œuvre de charité ; en faveur de son fils Salomon de Rothschild, dont la fin prématurée a été une si douloureuse épreuve pour son cœur aimant ; en faveur de son gendre Nathaniel de Rothschild, mort lui aussi avant le temps, après de longues souffrances vaillamment supportées ; en faveur de son petit-fils James Edouard de Rothschild, enlevé à l'affection des siens dans la force de l'âge, et que la science regrettera toujours ; en faveur de son petit-fils André de Rothschild, pauvre cher enfant qui est retourné au ciel dès les premières heures de la vie ; en faveur de tous les membres de sa famille qui ont quitté ce monde, après y avoir accompli leur tâche. Seigneur, accorde-leur à tous, accorde à notre sœur Betty de Rothschild tes bénédictions paternelles. Que leur âme repose en paix !

Ce ne sont pas ceux que tu as rappelés à toi qui sont à plaindre, car ils sont admis en ta présence et jouissent d'une plénitude de bonheur que notre raison ne peut même concevoir. Mais il faut plaindre ceux qui pleurent une mère adorée et dont les deuils anciens se renouvellent par le deuil présent. Tu les couvriras de ta protection, ô notre Dieu ; tu feras luire à leurs yeux un rayon de consolation, de foi et d'espérance, pour qu'ils se remettent courageusement à l'œuvre de la vie, pour qu'ils honorent leur mère et leur aïeule par une pieuse et ferme résignation.

Et nous, ô Seigneur, nous voulons méditer cette grande vie qui vient de finir, nous inspirer des exemples que cette femme de cœur nous a légués. Nous voulons, comme elle, nous attacher de préférence aux choses qui durent et non à celles qui passent, rechercher en tout temps ce qui est beau, bon, droit, religieux, humain. Ainsi son souvenir sera pour nous un enseignement et une bénédiction. Nous apprendrons d'elle à régler notre vie sur ta sainte loi, à mériter la considération et le respect de nos semblables, ton approbation et celle de notre conscience ; à mériter aussi, quand notre heure sera venue, les joies de la béatitude éternelle, de l'immortalité bienheureuse. *Amen !*

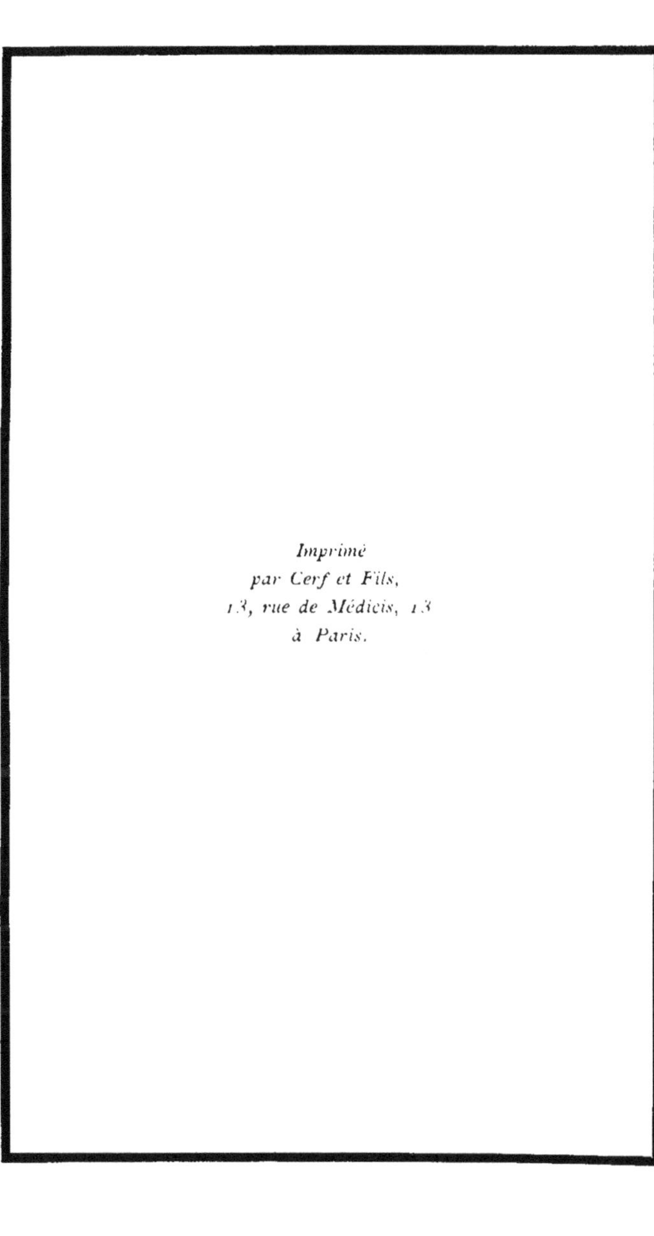

Imprimé
par Cerf et Fils,
13, rue de Médicis, 13
à Paris.

www.ingramcontent.com/pod-product-compliance
Ingram Content Group UK Ltd.
Pitfield, Milton Keynes, MK11 3LW, UK
UKHW021029260726
13994UKWH00005B/2046

9 782329 489506